물고기, 혹은 유리잔

지혜사랑 322

물고기, 혹은 유리잔

김지요 시집

시인의 말

어두워지는 골목으로
산책자가 돌아온다
빨래방, 전신주, 낡은 계단을 지나

여전히 심심해서
닭의장풀에 말을 걸게 되는

이 곳에 다시 온 것을

오래
후회하고 절망하게 되기를

차례

시인의 말 — 5

1부

알	12
사과의 은유	13
완독玩讀	14
두루 헤아리며 깊은 생각에	15
하우스	16
멈춰 버린 심장처럼	17
밤은 말이 없고	18
상강霜降	19
애저哀猪	20
모든 사물에는 눈물이 있다	21
칠월	22
소쩍새와 별을 불러	23
박수근 미술관	24

2부

블루진을 찾습니다 ——— 26
개가 걸어온다 도서관으로 ——— 28
물고기, 혹은 유리잔 ——— 30
군산 ——— 31
오도리의 재구성 ——— 32
비트 앤 비트 ——— 34
바람을 받아쓰다 ——— 35
새의 시간 ——— 36
다음 분 오세요 ——— 38
제라늄, 제라늄 ——— 40
주산지를 채집하다 ——— 41
오디, 어디 ——— 42

3부

수박을 고르는 법 — 44
터미널박 — 46
고수高手 — 48
봄아, — 50
하필 — 51
생이 — 52
공중을 재단하다 — 54
어머니를 봄 — 55
대화의 형식 — 56
옴천 면사무소 공터에는 — 57
물의 나라 — 58
금목서 — 60
화동분매길 — 61
春畫 속으로 — 62

4부

오늘의 경작	64
사과나무집	65
구름의 門에 기대어 — 송수권 시인을 추모함	66
사월의 방문객	68
부추 곁에 갔다	69
등촌리 산1번지	70
능소화의 쓸모	71
덫	72
별서정원	73
남산별곡	74
커피로드	75
수밀도	76
거미의 세계	77
나비가 돌아오는 저녁	78
나의 가게	79

해설 • 너머를 보류하는 쓰기의 기술 • 황정산   81

- **일러두기**
  페이지의 첫줄이 연과 연 사이의 띄어쓰기 줄에 해당할 경우 >로 표시합니다.

1부

알

나는 지금 여기에 있다
한 세계를 깨려고

냉장고 문 틈
새어드는 빛에 매달려
날짜를 센다
서른 개의 포커페이스
알들에 둘러싸여
일상은 복제되고 있다

기록할 수도
기억할 수도 없는 날들

똑같은 창문, 계단
숱한 난생卵生들
문을 걸어 잠그면
수인번호 TGYK2*

'너머'로 옮겨가지 못한
하루가 또 저문다

* 달걀의 고유 인식기호

사과의 은유

빨간 사과가 있습니다
2B, 4B로만 표현 할 수 있습니다
슥슥 선을 긋습니다
빗살무늬로 내리는 빗줄기
어두운 부분을 채울수록
도드라지는 여백

사과라는 이름을 그리고
있는지도 모릅니다

울다가 웃는 사람
웃다가 눈물이 맺히는 눈
이면을 들여다보려면
아무 것도 그릴 수 없습니다
흑백의 언어로
선과 면을 채울 뿐

연필이 무디어지고
단단한 사과의 외연이 허물어지면
사과와 나

둘만이
놓여있습니다

완독玩讀

숯도 필요 없다 한다
햇빛을 받아내는
유리뚜껑이 필요하다고

질항아리 뚜껑을 닫아놓으니
하얗게 떠오르는 거품들
뜰채로 여러 번 걷어내고
솥에 다시 부어 끓인다
지독한 냄새로 화답하는 간장

독 안이 안녕하신지
드나드는 일이 잦아진다
투명한 관을 씌우고
뚜껑 열어 바람을 통하게 한다
손을 모은다

다 덜어낸 끈적한 먹빛
잠잠하다
물 햇볕 바람의
가장 나종 지니인 것*

한 종지의 장

* 박완서의 소설 제목 '나의 가장 나중 지니인 것'에서 빌려 옴

두루 헤아리며 깊은 생각에*

턱을 고이는 자세는
얼굴에 주름이 생긴다는데
사천 년 동안 저러고 있다
미간을 찡그리며 실눈을 뜨고
그를 본다

어깨가 무너질 듯 오래 앉아 있어도
그를 읽을 수 없다
한 바퀴 두 바퀴 세 바퀴를 돌고 나니
자연스레 반가半跏의 자세가 된다
셔터를 누를 때마다
달라지는 포즈
가려움을 견디지 못하는 미소

무언가를
읽어내려던 집요함이
사라진다
거푸집을 내려놓는다

그도 나도
깊은 생각에서 벗어난다

* 국립중앙박물관 반가사유상 전시실에 쓰인 문구 '두루 헤아리며 깊은 생각에 잠기는 시간'

하우스

달콤한 하우스에 갔네

검붉어지는 유혹이
고랑마다 넘쳐나네
'이미'와 '결국'으로 그득한
끝물 애증을 그러쥐었네

하우스 안에는 딸기 따는 여자
까르르 뒤섞인 웃음들
뭉개지는 비명 듣지 못했네
하우스 안의 일은
딸기만이 기억 할거야

솥 가득 황홀한 딸기
뭉클 끓어 넘치네
유리병에 담아 밀봉하네

묘혈에 가득 고인 딸기잼
숨을 참으며 바라보네

아무리 골라 담아도
짓무름이 금세 번지는 이상한

하우스

멈춰 버린 심장처럼

폭설이 내렸습니다
검은 까마귀 떼가 설원을 날았죠
12월의 사라오름엔 흑과 백
두 가지 색만 남았어요

종아리를 비집고 들어오는 눈 보다
당신의 침묵이 더 서늘했어요
결빙의 호수를 가로질러 간
선명한 발자국만 남았죠
자꾸 흐려지는 건
눈부신 눈꽃 때문 이었어요

어리석게도 마음을 가지려 한 적 있어요

당신이 내게 어떤 사람이었는지
기억이 나질 않아요

호수를 삼킬 듯이 눈이 내리고
얼음심장으로 숨을 쉬는
호수와 함께 하얗게 지워져 가요

귀가 먹먹하게 내리는 눈발이
돌아갈 길을 삼켜 버린 지금

나는 누구인가요

밤은 말이 없고

껍질을 열고 생밤을 읽어보네
컴컴한 첫 맛에 닿으려 하네

손부터 내민다면
검은 가시에 찔리고 말아
자주 찾아오는 이명을 견디며
함께 어두워질 준비를 하네

어둠으로 가득해지면
처음 이름 붙여진 것처럼
하나 둘 윤곽을 드러내는 것들
검은 피를 흘리는
손을 맞잡을 때
어깨가 스산한 우리

이대로 침몰해도 좋다고,

기억해
고요함은 포춘쿠키야
썩은 벌레를 씹을 수도

밤이
꾸물거리는 벌레를 바라보네
여윈 들개 같은 눈으로

상강霜降

싸늘한 한기만 남은 마루 위
제 울음에 귀가 먹어가는 여치

호계 지나 혼자 살던 고모

애저 哀猪

물크덩한 울음이 있다
김이 오르는 솥에서
막 태어난

추위에 기갈이 들린 저녁들
동그랗게 앉아 동그란 입을 열어
살뜰히 나눈다

웃음소리가 끊어질 듯 이어지고
알전구 불빛이
자궁 안 부속물을 들추어내고

추워서 그랬을 뿐이라고
오래된 풍경들이 변명 한다

온기가 가시지 않은
몸을 나누던 사람들 사라지고
혼잣말을 뇌인다

태어나는 것 보다 슬픈 것은
먹는 것이구나

모든 사물에는 눈물이 있다*

좋아하는 고로케
식탁 위에 올려두었어
말을 잊은 듯 우물거리며
빵을 씹는 너
거울 속의 사람처럼
손을 내밀어도 서로를
잡아줄 수 없었지

맹그로브숲처럼 침묵이 우거졌어

아이들이 떠난 식탁
너는 고로케를 밀어냈어
빨리 상하는 고로케를
먼저 먹었을 뿐이라고

집, 아내, 빵
뿌리가 다 드러난 맹그로브나무처럼
쓸쓸한

상하기 좋은 사랑이
바구니에 가득한 날이었어

* 조루주 루오의 작품명에서 빌려 옴

칠월

바구니에 송이 굵은 포도를
가득 담아서는 출렁이며 걸어왔어
바람의 결마다 과육이 만져질 듯한 밤

처녀를 사려고 포도를 샀어
트럭 가득 포도밭을 싣고 온 아저씨는
냉장고에 하루 쯤 두어야 단맛이 깊어진다 했지

포도밭을 냉장고에 넣었어
문을 열 때마다
은밀한 눈길을 건넸지
슬며시 뻗어 나온 넝쿨이 팔을 잡았어
어떤 예감으로 애써 문을 닫았지

밤의 깊은 곳으로 넝쿨은 뻗어갔어
습한 바람과 어스름 달빛
치마 끌리는 소리
설핏 잠이 들었어

과수원을 샀다, 라 쓰고
꿈꾸기 좋은 밤이라 읽었어
입술이 온통 칠월의 언어로
물들었던 때가

소쩍새와 별을 불러

동그란 멍석에 눕는다
살 없는 갈치를 나눠 먹고
비린 입으로 하늘을 보면
별이 돋아난다

검푸른 궁륭
아이들은 옥수수를 물고
무서운 이야기를 듣는다
깜박 깜박
반딧불이 날아간다
모깃불 향이 마당 가득
이야기에 빠져드는 밤

먼 곳의 개가 짖고
소쩍새가 몇 번 운 것 같은데

고모가 쌀 한 되를 들고 가고
소를 먹이러 간 사촌오빠는
돌아오지 않는다
삭아 내리는 지붕
호밀밭의 파수꾼을 읽는 저녁

잠시 살았던 마을에
긴 흉년이 든다

박수근 미술관

묻어나는 햇살을 헹구다 보면
하루가 저물어 갔지

자꾸 흐려지는 물속의 나무
점 하나가 흔들리며
점, 점
들판으로 건너가
능선을 이루고 골짜기의
깊은 주름살을 그리네

빨랫줄엔
아버지 늘어진 런닝이 흔들리고
근심을 다듬는 어머니
눈이 순한 아이들이
강아지를 따라가네

계절은 깊어가고
눈이 그치지 않는 겨울의 판화
광주리를 머리에 인 여인이
점점 멀어지네

나목에 연두 한 점
오래 머무는

2부

블루진을 찾습니다

빨간 티에 블루진을 입고
초록초록 정글로 가네
햇살이 팽팽하게 당겨져
뱀의 입 속으로 놀러가기 좋은 날

무성한 나무들 두리번거리며
뱀과 공모 중이었어
맹랑한 꼬맹이를 삼켜버리자고

철딱서니 개구리 블루진은
다리를 까닥거리며
정글의 삶은 징글징글
하품이 나올 지경

서로의 독을 나누는 키스 쯤이야

죽음처럼 달콤하고
독처럼 살맛나지

사라진 블루진을 찾습니다.
뒷걸음치던 뱀은 어디로 갔나요

뱀의 아가리로 투어를 가실 분들
비굴함을 가릴 마스크

벗어던지기 딱 좋은 날
세상 위험한 철딱서니가 되어
풍덩!

* 코스타리카 블루진 (딸기독화살개구리)

개가 걸어온다 도서관으로

찾는 책이라도 있는 듯이, 갸웃거리며
코를 벌름 싱싱한 신간을 찾으려나

접혀진 귀를 펼쳐주고
게걸스럽게 읽어내리네

'사회과학'을 지나 '철학'골목에서
꼬리를 한들거리며 나타나네

어슬렁 산책을 즐기며
읽은 책에 오줌을 누고
무슨 소용이야, 거만한 책 따위
맛난 책을 좀 달라고,
왈왈

짖어대는 개를
진정시키려 연신 하품을 해 보네

책에 엎드려 잠깐 조는 사이
개는 사라졌네

사람들이 벌름 책을 읽네
바싹 마른 혀로 페이지를 넘기네

＞
뼈다귀를 가지고 노는 개처럼

* 동화 (책먹는 여우)를 패러디 함

물고기, 혹은 유리잔

미끄러운 내 언어는 네게 닿을 수 없어

차가워
물속을 헤맬 때
물끄러미 식어 갈 때도

힘겨운 춤을 추는 물고기
체온을 기다리는 유리잔
물속 에서도 목이 마른

꼬리치는 물고기에게, 물이
끓어오르길 기다리는 유리잔에
닿기를

몸만 남아
스스로를 할퀴며 파닥이는 물고기
찢긴 지느러미, 흩어진 비늘

반짝이는 건 순간이야
갇히거나 가두거나

비릿하고 투명해 깨지기 쉬운
거짓말 거짓말

군산

8월에 크리스마스가 온다면 초원사진관으로 눈사람이 걸어오겠지
금빛 구슬을 매단 트리 아래 오르골의 태엽을 감을 거야

연인들은 마주보며 사진을 찍네
미소가 허물어진, 아침의 눈사람처럼

사라질 단어들을 카드에 쓰고 빨간 코 사슴이 달려오는 상상을 해
팡팡 터지는 카메라 플래시에 자동기술 되는 웃음

선물을 받은 아이처럼 붉은 얼굴이 되었을 때 누군가 속삭였어

너무 긴 시간이 필요한 사랑을 하고 있네*
8월엔 크리스마스가 오지 않아

연인들이 골목으로 사라졌어 달콤하고 빨리 녹는 아이스크림처럼.

* 『8월의 크리스마스』 영화 속 '정원'의 대사

오도리의 재구성

1
등대 쪽으로 커브를 트니
팔장을 끼고 서있는 푯말
차못드러감
붉은 기세에 눌려
차에서 내려 걷는다

2
오도리 해수욕장 한켠
달려간다 의원이 있다
아픈 일이 있으면 들러야겠다
악 물고 달릴 수 있게 해달라고

3
고래민박은 물 밖에서
숨을 쉬지 못하는 고래가
잠시 유숙하는 곳
하고 싶은 말이 너무 많아
무늬가 어지러운 조약돌
주머니 안에 쉬게 한다

4
내내 걸어도
발자국은 지워지고 지워진다

파도가 종일 숨 가쁘게 달려도
오도리에 닿지 못한 것처럼

5
그냥 돌아옴

비트 앤 비트

비트에 맞춰
발가락을 까닥까닥

여긴 어디지
아, 움푹 패인 비트
비트 안에 붉은
들이치는 피

젖은 얼굴로 웃기
식탁은 다리를 숨기고
우리는 얼굴을 숨기고
두더지 잡기 게임처럼
잔인한 대화의 방식

상대가 사라지는 쓸쓸한 놀이
툭툭 던지는 비트
미끄러져 들어가는
비트
아우성치는

훅, 꺼진

바람을 받아쓰다

    바람이 흘림체다 대숲이 먼저 받아 적는다 수천의 마른 혀가 토해내는 구음, 들린다 들리지 않는다 푸르게 써내려가는 문장, 보인다 보이지 않는다 어디까지 읽었는지 또 놓쳤다 우듬지로 향한다 바람은 대숲 너머 다랭이 논의 빨간 스웨터에 앉는다 종일 구부렸던 어깨가 호미로 받아 적는다 어떤 손이 바람의 낱알을 흙더미에 집어넣는다 아무도 모른다 새가 물어나른다 깃털이 흔들린다 잠시 멈춘다 억새 밭으로 날아가 은빛으로 부서지는 음절 음절들

    노을을 흘려쓴다 어둠이 받아적는다 아이가 울고 간다 바람이 차다

새의 시간

숨을 불어넣으며
부레가 생기길 기다리는 열기구들
붉어지는 여명에
얼굴이 물들어가고

날아오르는 거대한 풍선
수많은 집들과 낮아지는 산들
등을 밀어주는
바람, 바람

카파도키아의 새벽을 날았어

지나쳐온 길들이
희미해지는 새의 시간

오래 지닌 슬픔을
말할 수 있을 것 같아

안녕, 내 안의 어린 아이

사람의 언어를 버리고
날개를 얻었어
벅차오르는 붉음을 놓아주고
연보라로 번지는 하늘 속

\>
한 마리 새가

다음 분 오세요

바람소리가 잦아들지 않았다는 건
아직 홀로 걷고 있다는 것
사막의 원주민처럼
실눈을 뜨고 길을 찾는다
모래바람에 지쳐갈 때

들려요?
들리면 왼손을 들어주세요

올리려던 손을 내린다
선택은 늘 모 아니면 도
목을 축일 호수 따윈 없다는 걸
확인 하는 게 두려운 걸까

다음 분 오세요

다급히 외쳐본다
제 목소리 들려요?
계속 여기 혼자…
오래 있었어요
얘기를 시작하기도 전

흰 가운의 남자는
모든 것이 별일 아니라는 듯 잘라 말한다

>
이명이네요

제라늄, 제라늄

햇빛이 들지 않는 집은
불화가 쌓여 아귀가 맞지 않는
서랍 같아

제라늄, 꽃을 놓아버린

사람이 살지 않는 집
열리지 않는 마음을
바라보는 것 같아

햇살이 잠시 머물러 준다면
실금 속 어둠도 찾아들겠지

다시 꽃으로 와 준다면
짙은 그늘에 말을 걸어 준다면
집은 양지에 머물렀던 시간을 기억해 낼거야

꽃을, 마음을 놓지 못하는
사람이 있네

햇빛을 따라 도는 그림자처럼

주산지를 채집하다

가뭄에 드러난 민낯을 본다
바닥은 아니라는 듯, 빗살무늬 근육을 내보이는

물이 없어 色을 담지 못한 호수
사향제비나비의 어떤 전갈을 들을 수 있었다

물이 돌아오고 파국의 황홀로
치닫는 주산지에 다시 왔다
미세하게 흔들리는 호수
호수의 말을 읽느라 숨죽인 셔터
프레임 안으로
나비가 날아드는 순간
황금의 왕국이 무너진다
왕조의 비밀을 숨기려
더 깊어지는 호수

밀서를 들고 날아온 제비나비를
핀으로 꽂아 두고 잠드는 저녁

주산지가 자꾸 가렵다

오디, 어디

오디나무 그늘이 시커맸다

숱하게 밟힌 열매들
짓이겨진 검은 그늘이 뱀처럼 기어온다
엄습해 오는 소름

붉은 오디 검은 그늘
검은 눈물 붉은 오디

발이 닿는 순간
자갈을 핥고 지나가는 파도소리
닫힌 잠실에서 새어나오던

오디나무 그늘이 나를 불러들인다
먹어치운다
그림자가 온통
붉다

3부

수박을 고르는 법

노크하듯 두드려보세요

속이 빨간 수박일수록 줄무늬가 검다네요
검을수록 붉다니 낯선 은유지요
싱싱한 꼭지를 보여주려
제 몸의 수분을 한껏 끌어올리는
수박, 상상해 보셨나요

배꼽을 보라고도 해요
사람들 참, 줄무늬 밖에 걸치지 않은 몸을
이리저리 들춰가며 빤히
들여다보는 건 예의가 아니라고 봐요
한때 수박을 팔아 남매를 건사했다는
울 어머니에겐 사뭇 경건한 물건인데

고전적인 통찰법 하나 알려 드릴까요
비스듬히 역삼각 모양으로
속살을 도려내는 거예요

익지 않은 걸 확인해도
웬만한 배짱으론 무를 수 없죠
비슷한 레벨의 명사로는
결혼, 부모, 긁어버린 로또 등이 있어요

\>
뺑 차버릴 수도 없어서,
수박 같은 머리를 갸우뚱

터미널박

돌아 갈 집이 없는 것은 아니다

5분 간격으로 오는 전화에 대고
연신 중얼거린다
상대가 없는 혼잣말을 하듯
여긴 터미널이야
터미널이라고 했잖아

타야 할 차를 놓치고도
흥건한 취기에 즐거운 그는
아무 걱정이 없다

어디든 데려다 주는 터미널이니까

걱정 마 터미늘이야
아 ㄹ아서 간 다고 했자느
막차 끊기믄 태택시 타믄 대지 머
먼지 쌓인 간이 의자에
목적지에 사로잡혀 달려 온
몸을 다 내려놓는 중이다

꼬인 혀는 쉽사리 풀리지 않고
사내의 행동에 실실 웃는 사람들
어차피 아는 사람이 없으니

같이 웃어도 좋은 사내

막차 같은 하루
신호음이 계속 되어도

괜찮아 터미널이야

고수高手

불 지피는
맨드라미 꽃밭 너머
장동반점과 이발관 사이
의자가 하나, 의자 위에 할머니
썩 어울리는 그림이네

거리를 읽는 高手
전지적 참견 시점을 고수하는

지나가는 사람들
할머니가 그린 괄호 속
지문대로 움직이네
매일의 등장인물에
먼저 마중 나가는 눈길
희미한 미소에 포석을 감춘 그녀
금일 휴업이 없는
늙은 가게 거미줄 주름살
완벽한 미장센

프라이팬 너머엔 맨드라미
맨드라미 꼬리에 앉은 할머니
붉은 벼슬이 꾸벅꾸벅
어제를 복기復期하네

\>
흰 돌, 검은 돌

봄아,

병실 창 너머 늙은 벚나무 가지에
직박구리가 모여든다

난데없는 소란을 노모가 거든다
꽃 필라고 그라제
꽃 피라고 그라제, 잉

앉았다 간 자리 촘촘하다
까치발을 드는 꽃망울들

하필

옴천 장날 골목 끝 가게
칠판에 쓰인 한 줄
○○사 주지스님 개고기 4근 외상

쓰지는 말라구요?

하필 눈에 띈 것일 뿐 인데

그날부터 내 외상이 되어
머릿속에 오락가락

장날 약주에 취해
뒷감당은 꿈에도 모른 채
터덜터덜 산길로 사라진 스님

어떻게 안 될까요?

생이*

어망 가득 담긴 새우를 채반에 쏟는다
맑은 생이* 슬프네, 하며
검불을 고른다

오빠는 수초 사이 공간에 어망을 두고 오곤 했다

새끼 물고기들과
검불이 뒤섞인 채반을 사이에 두고
노모와 오빠 올케와 내가
말도 없이 새우를 집어올렸다
제법 실한 것들만 골라 놓고
오빠는 갔다

더 먼 곳에 어망을 놓으러

새우를 '나수**' 넣어
익힌 김치가 이태나 되어
슬픔을 눙치며 먹을 만하다

검불이 가득한 밥상
새우만큼 가늘어진 눈

구멍이 숭숭 뚫린 어망 속에서

* 민물새우
** 넉넉하게 충분하게의 전라도 방언

공중을 재단하다

방심한 틈새로 숨어든다

징검 징검 통점을 피해 걷는 내공
젓가락으로 콩을 집을 때처럼
소소하게 걷는 법을 배운다
가우디처럼 골몰했으나
굳이 건달처럼 걷는다

끈적이는 보법으로
지나가던 귀뚜라미나 벌을 가둔다
처음엔 이야기나 나눌 생각이었다
공중으로 내기 시작한 길에 대해서

하늘을 향해 뻗은 그 길엔
빛나는 이슬을 걸어둘 수 있다 한다

바빠지기 시작한다

노련한 스파이더맨이 되려는 순간
다리는 점점 벌어져 간다
아득하다

생활에 공중을 들이는 일은
늘 위험하다

어머니를 봄

쓴 맛을 달다고
뜨거운 것을 시원하다고
말하는 어머니의 어법

겨울은 길고
어머니는 오래 앓았고
옆구리에
숨어 수척해진 말들

오래 졸인 탕관
속의 한약처럼 혀에
남은 웅얼거림

낙엽더미를 뚫고
머위가 올라온다
어머니 밥상에
춘분이 온다

혀에 굴려지는
기나긴 암전
쓰다, 라 쓰고
달다, 라 읽는다

대화의 형식

춤추는 물고기를 바라보며
너는 말했지
수족관이 무너질 것 같아
낡은 전선 사이를 오가는
고양이를 보며 불안해 했어

수국 옆엔 무화과
새로이 심은 대추나무 밑 채송화
서로가 무엇을 원하는지 모르는 타인들처럼
무성하기만 한 여름이었어

사라진 고양이
남기고 간 빈 접시엔 가득한 빗물
울음소리마저 지워지고 나니

방울토마토 가지 아래
떨어진 방울 방울들
썩고 문드러지고
고요하네
치열했던 계절이 지나간 뜰

네가
하려던 말은 무엇이었을까

옴천 면사무소 공터에는

(남성고민 힘쎈 비뇨기과)
(누수된 수도관 교체 — 시설계)

나란히 걸린 현수막 아래
중년의 사내가 휘적휘적 걸어가네
조여지지 않는 오후를 시나브로 흘리며

물의 나라

잊혀진 뜰에 수국을 심네

먼 산 새소리 내려앉는 적막한 오후
꽃은 지고 나무만 남은
눈물은 마르고 몸만 남은
어머니를 심네

더 예쁜 꽃을 피워라
언약을 다져 심네

밤새 생각을 골라내고 나면
외려 눈이 새초롬해진다던 어머니

차가운 배를 쓸어주며
주문을 외던 낮은 목소리
아프지 마라
아프지 마라

흙더미 다독이며 수국을 심네
손닿는 곳마다
물의 **뼈**들이
뭉클해지는 우기雨期

꽃 진 자리

허투로 웃자라는 마음을
심네

금목서

언젠가 그곳에 다녀간 것도 같아
누구와 함께였을까
어쩌면 혼자였는지도

짓무른 무화과 냄새를 따라가면
적막한 섬 아무도 없어
온전히 스며들 수 있었지

꽃을 기다리는 시간이 가고
향기에 매혹된 일주일
그 여운으로 목을 축이며 평생을 살 것처럼
눈이 멀어가는 곳

그 섬에서 나올 수 없네
향기만으로 무너져 내리는 섬이 있어

마음을 두고 온.

화동분매길

낡은 엘피판의 주름 같은 해안선
툭 툭 감자꽃이 튀네
고장난 턴테이블 위
방지턱을 넘느라 버스는 딸국

무언가를 주우려는 듯
허리가 휜 할머니들
버스 계단을 오르고
빈 자리의 안부를 묻네

우암, 군지, 신촌, 동백
뿌연 유리창 너머 흔들리는 정류장
연신 덜컹거려도 무언가를 붙잡으며
제자리로 돌아오려는 사람들

버스는 출렁이는 길을 끌고 가네
하루에 두 번
먼지를 털어내고 돌아가는
턴테이블

春畫 속으로

다시 가고 싶다

민화 박물관 한 켠의 춘화들
뒷걸음질 하다가도
눈이 화등잔만 해지던

春花가 지지 않는 그곳

4부

오늘의 경작

행을 갈아주고
이쪽 저쪽으로 문장을 퍼 나르다
에라, 버려야지
땀 한 방울 흘리지 않은
오늘의 경작

피로해진 눈 들어 창을 보니
펼쳐진 원고지 푸르다
노인의 삽 끝에서
딱딱하던 두둑들 몸을 풀고
숨어있던 벌레들의 문장
꿈틀거린다
패딩을 입은 채
썩은 낙엽더미 끌어안아
고랑마다 부어준다
삽질을 하다 허리를 펴고
다시 삽질
등줄기가 후끈해지는 산문시
봄바람이 내쳐 써내려가는
결구結句

거름더미가 된 노인이
원고지 속으로 사라진다

사과나무집

가을볕은 늘 그 집을 향한다
귀가 먼저 빨개지는 아이처럼
얼굴을 내미는 붉은 사과들

노부부는
밤마다 풋사과를 골라 먹는다
무럭무럭 젊어진다
흰머리를 엮은 붓으로
우화를 그리는 할아버지
잠이 많은 처녀가 된 할머니는
새콤해진 수건과 그릇을 씻는다
먼 나라의 사람이 되어간다

태풍이 사과나무집을 흔들어 깨운다

개미들이 제 몸보다 큰
그늘 조각을 물고
안마당으로 사라진다

할머니가 떨어진 사과를 줍는다

구름의 門에 기대어
— 송수권 시인을 추모함

구름으로 그림을 그리는 사내가 있었네

발 한쪽은 허공에 있어
어깨 한 쪽이 기울어진

구름을 빚을 때 작은 눈이
깊고 푸르게 반짝였네
걸을 때 마다 솔기가 틀어진 구름이
폴폴 날리곤 했지

영혼을 맡긴 놀이에
시계가 멈추고 바늘이 떨어져 나가고*

구름이 아름다운 건
끝없이 몸을 바꾸며
사라지기 때문일 거야

시가 없는 그는 한낱 연기일 뿐이네
사람들은 말하네
지나가는 구름일 뿐이었다고

한 줄기 맵찬 연기가
처음 그가
왔던 허공으로

* 파우스트의 대사에서 빌려 옴

사월의 방문객

이 계절은 냄새가 없어요
만져지지가 않아
얼굴을 찡그리며 보려해도
보이지 않아

봄을 다독거려 한 이불 덮고 자요
샴쌍둥이처럼 데리고 살아요
심장 곁에 있어 표정을 짐작할 수 없어요

젖은 가방이 배달 되었어요
여행자의 옷가지와 치약 칫솔
흘려 쓴 메모

주인 없는 가방
주인 없는 봄
사월이 되어도 돌아오지 않는
여행자를 기다려요

가방 안을 열 수 없어요
이미 다 보았으므로
아무 것도 보이지 않으므로

부추 곁에 갔다

숨이 죽었군

굳은 살이 생기지 않는
순한 몸은 무엇으로 동여도 흘러내린다
흐물흐물한 상처에는
답이 없다

실패하려고 태어나는 것들
시들어가는 것으로
살아있음을 증명하는 법

못쓰게 되었다고 집어 올릴 때
한줌 밖에 안 되는 그것이
온몸에 엉겨붙는다

자폐의 밤을
끄적인 종이가 구겨질 때
아픈지도 모른 채 파랗게 멍이 든
다리를 볼 때처럼
부추를 든다

이렇게나 질척이는 단호함

등촌리 산1번지

바람에 쓸리는 대로 장지문이 삐걱인다
계절이 더디게 오는 마당
초여름 햇살에 독이 올라서야 병꽃이 피기 시작한다
빈집엔 연미복의 세입자들이 들락거린다
벌과 제비가 둥지를 트는 동안
그늘이 그늘에 말을 건다
바람이 바람의 덜미를 붙잡아 앉힌다
시든 영산홍 가지 끝에서
시간은 제멋대로 웃자란다
정전가위를 휘둘러도 길들여지지 않을 기세
흙벽에 실금이 가기 시작한다

장독 안 버려진 소금처럼
짜고 깊은 어둠이 온다

빈집은 틀어진 아귀를
맞추려는 듯 모로 눕는다

능소화의 쓸모

나팔처럼 불어보면
볼 빨간 노래가
뚜우 뚜

당나귀 이마에
꽃을 걸어주고 싶어
걷는 곳마다 붉은 발자국
피어나겠지

지붕 위 고양이
저녁의 만찬으로 수북이 올려주니
능소화 먹고 달 따러 가네

소나기 후두득 꽃을 두드리면
아무렇게나 흩어진 음표들
한 줌 가져와
머리맡에 환히 켜두어야지

바람 불고 비 오고
능소화 넝쿨 따라
하릴없이 하늘만 탐하던
여름이 가고

아무런
할 일이 없네

덫

그들을 초대한다
바나나 껍질을 컵에 담고
드나드는 통로를 닫는다
펼쳐지는 파놉티콘
빠르게 퍼지는 소문
바나나를 파고드는 초파리들
컵을 건드리자
소란으로 북적인다

치명적 달콤함과 죽음은 조용한 이웃
죽어도 좋을까 죽어도 좋아

한줌의 공간을 줌으로 끌어당긴다
출구 없는 착란 속으로

별서정원*

낮은 곳으로
내려가는 계단이 있어요
순한 볕을 만나러 가요
대청을 지나 펼쳐진 원경
소소한 바람 흩어지는 인연들
닿을 수 없어도
쓸쓸하지 않아요

백운동에는 꽃이 피고
낡은 누마루엔 사람꽃이 피고
대숲과 새소리 사이
선선한 여백이
줄을 당겼다 놓았다

모두 돌아가고
그늘 깊어진 숲엔
시린
꽃자리

* 강진 백운동 원림, 조선중기 이담로가 조성한 정원

남산별곡

선생은 늘 뒤통수에 대고
'매가네'라거나 '남산여관'이라 불렀다

안경을 쓴 것도 죄인 것 같고
여관집 딸이라는 것은 더욱 죄에 가까웠다

지리 선생과 마주치지 않기 위해
지리를 요리조리 굴려야 했다

수업 받기 싫은 놈은 나가
체육관 처마에서
하루를 보냈다

흘러내리는 매가네를 올리며
여섯 장의 반성문을 썼다

매가네를 매가네라고 불러 기분 나쁘냐,
매가네 안의 내 눈은
흔들렸다

가끔 뒤통수가 근질거린다
키 작고 안경 쓴 여자를
키 작고 안경 쓴 여자라
부를 것 같아서

커피로드

종일 두 시간 쯤
햇빛이 든다는 말레마을
음지식물 같은
움나트, 수버커르, 꺼멀라
동공 안에 반그늘이 있어
서쪽으로 기울던 아이들

푸른 커피 열매 검붉어지도록
일만 하는 아이들
사흘을 굶어가며 가져온 묘목이
태풍에 쓸려간 날
눈물을 훔치고 댈리에 가네
묘목 살 돈을 벌러 가는 움나트

세상으로 향한 길은
히말라야 암벽 보다 거칠어도
바위 틈 꽃처럼 맑기만 한 아이

깊은 그 눈망울
뜨겁게 달구어지는

검은 커피콩, 콩

수밀도

살짝
베어 물 뻔한
복숭아 속의 벌레
꿈틀거리는 그것은
복사꽃 언덕으로 간다

치마라도 지어입고 싶은
능선 위 피륙
나무에서 꽃으로 꽃에서 열매로
비와 햇살 바람의 세례를 받던 날들
윙윙대는 벌
들척지근한 향기가 훅
달콤한 상상은 늘 11.8브릭스 이상

지난봄의 서사 표피에 까칠하다
벌레 주변을 도려낸 자리
한 마리 벌레가 그저
남아있다

한 뼘도 되지 못하는
반경에 갇힌
하루

거미의 세계

따스한 털실로 밀랍으로
그대를 묶고 싶어
일 온스의 빛 일 온스의 떨림으로
촘촘히 직조된 길
일 온스의 눈물 일 온스의 심장
마녀의 국자가 필요해
한 방울의 영혼이 필요해

낡은 잎사귀를 덮고 생각하네
공중의 세계로 돌아가야 해
길은 아득해서
떨림 없이 편입될 수 없는 세계

금단의 길을 건너가네

목소리를 얻으려 다리를 내어 준 여인처럼

나비가 돌아오는 저녁

뚫린 방충망
사이로 한 발을 내밀어
꽃가루를 털어내느라 가릉가릉

나비야, 부르면
눈을 돌려 자꾸 돌아보네
담장 위 노을을 찾아가거나
채송화가 돌아오길 기다리는지

비릿한 어둠 보다 꽃을
더 좋아하게 되어버린

나비야, 나비야

천 일의 왕국엔
맨드라미즙을 찧으며
고양이를 기다리는 소년과
나비가 되어버린 고양이와
끝나지 않는 이야기

희고 둥근 달이 뜨자
그림자 하나가 날아오르네
담장 위에 분홍 나막신을 두고

* 송찬호 시인의 나비가 돌아오는 저녁을 패러디 함

나의 가게

　달콤함이란
　아껴가며 녹이는 것이란 걸 처음 알려준

　알록달록한 사탕 색색의 불면의 밤으로 빚어놓았지 도르르 말린 귀와 말을 잃은 입술이 좌판에서 시드네 구석엔 발이 없는 새가 수북하고 마른 조개 위로 쥐가 들락거리고 먼지가 쌓여가네 상점 안은 늘 겨울이어서 햇빛이 힐끔 눈길을 주고 갈 뿐이네 오지 않는 방문객을 기다리며 희미해진 은지화에 덧칠을 하지 성긴 문틈 저녁의 한기가 몰려오면 사탕 한 알을 주머니에 숨겨야 해 눅눅한 어둠을 다 녹여내면 춥다거나 캄캄하다는 말들이 스르르 지워지지 파본破本처럼 곰팡이 꽃을 베고 누워 쪽잠을 자네

　가끔 봄꿈을 꾸네

　쇠락해진 가게 문을 열고 검은 표지의 연대기를 다시 쓰는 중이네
　하현달로 빚은 국자만 남았네
　달고나에 설탕을 붓고 소다를 넣고
　부풀고 스러지고 끈적하고
　……
　달콤하고, 달콤하네

　빙하기처럼 긴 겨울이 닥쳐 올 거라 쓰네

해설

너머를 보류하는 쓰기의 기술

황정산 시인, 문학평론가

너머를 보류하는 쓰기의 기술

황정산 시인, 문학평론가

1. 들어가며: 갇힘의 현실과 벗어남의 꿈 사이

푸코나 데리다를 인용하지 않더라도 우리의 삶은 감시와 구속 안에서 영위되고 있다. 우리의 일상은 가족이나 회사 또는 여러 단체 등 온갖 사회적 관계 속에 속박되어 있고, 모든 행위의 가능성은 예금통장과 가계부의 숫자로 규정되고 그것이 지시하는 한계 안에 우리의 삶이 규정되어 있다 해도 과언은 아니다. 삶의 주체여야 할 '나'는 알게 모르게 이런 갇힌 영토 안에 봉인된 존재로 살고 있어, 나는 타자에 의해서만 설명되는 또 다른 타자가 될 뿐이다. 이 벗어날 수 없는 타자성에 대한 성찰과 그것의 감각화는 현대시가 해야 할 가장 중요한 작업 중 하나가 아닐까 한다.

김지요 시인의 이번 시집의 시들은 '알-유리-독-번호-덫'으로 표상되는 봉인/봉쇄의 세계와 '새-바람-대숲-공중'으로 전개되는 이행/개방의 세계가 서로를 길항하며 공존하는 장면들을 통해, '너머'에 닿지 못한 실패와 지연의 감정을 미학적 동력으로 삼고 있다. 봉인은 억압의 은유만이 아니라 형태를 부여하는 힘이기도 하다. 김지요 시인은 갇힘의 체제와 그것에서 벗어나려는 욕망의 긴장 사이에서 감각을 연마하고 조형적 언어를 고안해 낸다. 그때 감각들은 도피의 통로가 아니라, 세계를 다시 읽고 엮어내는 도구로 기능한다. 그의 시를 좀 더 자세히 살펴보자.

2. 너머의 차단과 감시의 내면화

김지요 시인의 이번 시집의 시들은 갇힘과 닫힘의 세계로부터 출발한다. 표제시 「물고기, 혹은 유리잔」은 탈주의 실패를 통해 갇힘과 해방의 역학을 그린다.

미끄러운 내 언어는 네게 닿을 수 없어

차가워
물속을 헤맬 때
물끄러미 식어 갈 때도

힘겨운 춤을 추는 물고기
체온을 기다리는 유리잔
물속 에서도 목이 마른

꼬리치는 물고기에게, 물이
끓어오르길 기다리는 유리잔에
닿기를

몸만 남아
스스로를 할퀴며 파닥이는 물고기
찢긴 지느러미, 흩어진 비늘

반짝이는 건 순간이야
갇히거나 가두거나

비릿하고 투명해 깨지기 쉬운
거짓말 거짓말
—「물고기, 혹은 유리잔」 전문

  미끄러운 언어·차가운 그릇·숨가쁜 몸은 각각 소통의 매체가 되면서 동시에 감옥이 된다. 물고기는 물 없인 살 수 있으나 물에 예속되어 "물속에서도 목이 마른" 아이러니를 낳고, 유리잔의 투명성은 결핍을 더욱 선명히 드러낸다. 파닥이며 비늘이 반짝이는 순간은 해방처럼 보이지만 곧 "갇히거나 가두거나"로 회귀하는 것을 보여줄 뿐이다. 시는 투명하면 닿는다는 믿음을 "비릿하고 투명해… 거짓말"이라 단죄하며, 해방은 벽을 뚫는 사건이 아니라 체온·리듬·매체의 재배치를 통해 닿음을 다시 설계하는 느린 기술임을 우리에게 설득한다
  김지요의 시에는 문틈의 빛, 냉장고의 날짜, 도서관 서가의 분류표, 독甕과 뚜껑, 컵과 파놉티콘, 거미줄과 풍선, 대숲과 바람처럼, 우리 일상의 배경이자 우리 삶의 통제 장치로 작동하는 사물들이 빈번히 등장한다. 이 사물들은 단순한 배경이 아니라 삶을 재배열하는 적극적 주체다. 시인은 이들 사물·비인간 존재들과 화자를 동일 평면에 세워

서로의 "호흡"을 듣고 받아 적는 일, 곧 '봉인된 일상'의 균열을 더듬는다.

이 시집의 첫 작품 「알」을 읽어보자.

> 나는 지금 여기에 있다
> 한 세계를 깨려고
>
> 냉장고 문 틈
> 새어드는 빛에 매달려
> 날짜를 센다
> 서른 개의 포커페이스
> 알들에 둘러싸여
> 일상은 복제되고 있다
>
> 기록할 수도
> 기억할 수도 없는 날들
>
> 똑같은 창문, 계단
> 숱한 난생卵生들
> 문을 걸어 잠그면
> 수인번호 TGYK2
>
> '너머'로 옮겨가지 못한
> 하루가 또 저문다
> ― 「알」 전문

이 시는 복제된 일상의 감옥을 간결한 이미지로 압축하고 있다. "서른 개의 포커페이스/ 알들에 둘러싸여/ 일상은 복제되고 있다"에서 알의 무표정은 개체성의 삭제를, '서른 개'라는 개수 표기는 평균화된 소비 단위를 환기한다. 복제는 생산의 효율만이 아니라 감정의 균질화까지 가리키며, 화자는 동일한 날들의 반복 속에서 구체적 감각이 결핍된 "기록할 수도/ 기억할 수도 없는 날들"을 말할 뿐이다. 기록과 기억이 동시에 작동 불능일 때, 주체는 사는 중이 아니라 보관되는 중일 뿐인 상태에 놓인다. 냉장고는 그래서 단순한 가전제품이 아니라, 삶을 보관·분류·지연시키는 근대적 시간 장치의 은유가 된다.

알은 본래 '생성'의 상징이지만 이 시에서의 알은 상자 포장, 날짜 인쇄, 외관의 동일성으로 표준화된 상품이다. 이런 알들을 바라보는 시의 화자 역시 그들과 다를 바 없는 식별 가능한 단위가 되어간다. 즉, 생의 시작을 약속하던 알의 이미지가, 생을 관리하는 바코드적 감각으로 치환된다는 것이다. "문을 걸어 잠그면/ 수인번호 TGYK2"라는 구절이 이를 너무도 잘 말해주고 있다. TGYK2는 달걀의 고유 인식기호이면서 동시에 화자 자신에게 부여된 식별값처럼 읽힌다. 사물에 부착되던 기호가 주체에게로 이행하는 순간, 개인은 교체 가능한 단위로 환원된다. 이는 푸코가 말한 규율사회/통제사회의 표지들, 즉 감시, 표준화, 분류가 일상에 정착해 '나'를 관리되는 생명으로 만들고 있음을 보여주고 있다. '번호'는 법적·제도적 인정을 의미하기도 하지만, 동시에 개별성의 말소를 뜻한다.

후반부의 "'너머'로 옮겨가지 못한/ 하루가 또 저문다"라는 구절은 시가 초반에 제기한 "세계를 깨려는" 의지가 결국 문턱에서 좌절되는 장면을 보여준다. '너머'는 일상의 관리 체계를 초과하는 초월, 변화, 탈주를 의미하지만, 하루는 이 경계를 건너지 못한 채 소멸한다. 이 작품은 체념을 말하지 않는다. 대신 균질화의 압력이 어떻게 일상의 단위들—날짜, 개수, 코드—로 침투하는지 면밀하게 체감하여 기록한다. 이 '체감의 정확성'이 바로 시 쓰기의 윤리이다. '저문다'로 끝나는 결말은 패배의 진술 같지만, 사실상 다음 날의 독해를 요청하는 개방형 종결이다. 내일도 '날짜를 센다'면, 우리는 무엇을 다르게 셀 것인가? '번호' 대신 '이름'을, '복제' 대신 '차이'를 세는 방식은 가능한가? 시는 해답을 명시하지 않되, 질문의 구조를 손에 쥐게 한다.

다음 시 「덫」에서 갇힘의 이미지는 구속과 감시의 장치를 통해 좀 더 감각적으로 구체화된다.

> 그들을 초대한다
> 바나나 껍질을 컵에 담고
> 드나드는 통로를 닫는다
> 펼쳐지는 파놉티콘
> 빠르게 퍼지는 소문
> 바나나를 파고드는 초파리들
> 컵을 건드리자
> 소란으로 북적인다
>
> 치명적 달콤함과 죽음은 조용한 이웃
> 죽어도 좋을까 죽어도 좋아
>
> 한줌의 공간을 줌으로 끌어당긴다
> 출구 없는 착란 속으로
> —「덫」 전문

초파리를 유인해 잡기 위해 만든 '바나나 껍질을 넣은 컵'

이라는 간편한 장치를 파놉티콘의 은유로 확대하여, 달콤함의 유혹과 죽음의 파국이 결국 맞닿아 있다는 인간 욕망의 구조를 말하고 있는 작품이다. "드나드는 통로를 닫는다/ 펼쳐지는 파놉티콘"에서 보이듯 출구를 봉쇄한 채 시선과 소문이 빠르게 순환하는 공간은, 감시와 유혹이 함께 펼쳐지고 있는 지금의 사회를 잘 말해주고 있는 축도이기도 하다. "죽어도 좋을까/ 죽어도 좋아"의 반복은 달콤함이 자발적 포획을 낳는 아이러니를 강조한다. 마지막 "한 줌의 공간을 줌으로 끌어당긴다/ 출구 없는 착란"은 화면을 확대할수록 현실은 축소되는 디지털 시대 몰입의 함정을 지목한다. 결국, 덫은 외부의 폭력이기보다 우리 욕망이 내면에 세운 투명한 감옥이며, "소란으로 북적"이는 모습은 욕망에 포획된 쾌락이 만든 집단적 최면의 혼란을 말하는 것이 아닐까 한다.

  다음 시는 구속과 언어와의 관계를 말해주고 있다.

>따스한 털실로 밀랍으로
>그대를 묶고 싶어
>일 온스의 빛 일 온스의 떨림으로
>촘촘히 직조된 길
>일 온스의 눈물 일 온스의 심장
>마녀의 국자가 필요해
>한 방울의 영혼이 필요해
>
>낡은 잎사귀를 덮고 생각하네
>공중의 세계로 돌아가야 해
>길은 아득해서
>떨림 없이 편입될 수 없는 세계

금단의 길을 건너가네

목소리를 얻으려 다리를 내어 준 여인처럼
―「거미의 세계」 전문

이 시는 직조·주술·변신의 기술을 통해 타자를 묶고 자신도 갇히려는 욕망의 곡예를 보여준다. 거미줄의 이미지인 따스한 털실과 밀랍은 포획이면서도 동시에 돌봄의 안온한 질감을 가지고 있다. 이 거미줄은 "일 온스"의 빛·떨림·눈물·심장이 감정과 물질을 계량 단위로 환원해 마녀의 조리법처럼 혼합하여 만들어 낸 바로 언어라는 그물이다. 화자는 낡은 잎사귀 아래서 "공중의 세계", 즉 거미의 미세 진동으로 성립하는 우주로 귀환을 결심하지만, 그 세계는 "떨림 없이 편입될 수 없는" 감응의 질서가 지배하는 곳이다. 말미의 "목소리를 얻으려 다리를 내어 준 여인"은 목소리를 얻고 결국은 거품으로 사라져 간 인어공주를 지칭한다. 언어를 획득하기 위해 다리라는 이동수단을 희생하여 스스로 갇혀야만 한다는 것이다. 이 시는 이렇게 언어를 통한 관계의 장에 들어가기 위해 무엇을 내어줄 것인가 하는 질문을 던진다. 결국, 이 시는 언어를 얻는 일이 사랑과 지배, 헌신과 포획의 미세한 떨림을 측량하며 금단의 경계를 건너는 고도의 직조 행위임을 말하고 있다.

3. 벗어남의 지연과 견딤의 미학

「공중을 재단하다」라는 시에서 화자는 "생활에 공중을

들이는 일은/ 늘 위험하다"는 명제를 반복적으로 학습한다. 여기서 공중은 자유의 다른 말이다. 이 여백을 생활에 끼워 넣으며 자유롭게 구속을 피해 다니는 "노련한 스파이더맨"을 꿈꾸지만, 다리는 "점점 벌어져" 추락의 현실과 맞닥뜨린다. 이런 낙하의 예감은 시집 전반을 통과하는 실패의 윤리로 이어진다. 건너감은 차단되고, 대신 건너가려는 몸짓만이 기록된다. 이렇게 김지요의 시는 성취의 서사가 아니라 '지연과 견딤의 서사'라 할 수 있다. 그런데 '지연'은 패배가 아니다. 그것은 갇힘을 견디는 일이며 구속의 덫을 서서히 녹슬게 하는 일이기도 하다. 다음 시가 이를 잘 보여주고 있다.

    숯도 필요 없다 한다
    햇빛을 받아내는
    유리뚜껑이 필요하다고

    질항아리 뚜껑을 닫아놓으니
    하얗게 떠오르는 거품들
    뜰채로 여러 번 걷어내고
    솥에 다시 부어 끓인다
    지독한 냄새로 화답하는 간장

    독 안이 안녕하신지
    드나드는 일이 잦아진다
    투명한 관을 씌우고
    뚜껑 열어 바람을 통하게 한다
    손을 모은다

다 덜어낸 끈적한 먹빛
잠잠하다
물 햇볕 바람의
가장 나종 지니인 것

한 종지의 장
—「완독玩讀」전문

이 시는 장독의 '독'과 독서의 '독'이라는 동음이의 음절을 활용하여 독서와 장담그기 과정에서 필요한 견딤과 느림의 미학을 아주 잘 형상화한 수작이다. 장醬을 담그는 과정을 '읽기'의 은유로 전환해, 발효의 시간·손길·자연 등의 요소가 한 편의 책을 완독하게 하는 정서적 과정과 밀접하게 연관되어 있음을 보여주고 있다. 질항아리, 유리뚜껑, 뜰채, 솥을 이용해 발효와 숙성은 물론, 거품을 걷어내고 다시 끓이는 정성스러운 과정은 책을 쓰기 위해 필요한 편집·퇴고의 행위는 물론 책을 읽고 이해하려는 많은 지적, 정서적 과정과 겹친다. "지독한 냄새로 화답하는 간장"은 텍스트가 독자에게 되돌려주는 감각적 응답이며, "독안이 안녕하신지"라 묻는 시선은 장독대를 향한 돌봄이자 텍스트 이해하려는 독자의 정신적 고투에 대한 질문이기도 하다. 투명한 관棺/管의 중의성은 관찰과 보존을 "뚜껑 열어 바람을 통"하게 함은 통기通氣와 소통疏通이라는 장담그기와 독서의 동형성을 부각해주고 있다. 마지막의 "끈적한 먹빛"은 간장의 색이자 인쇄된 글자의 검정 잉크로, "물·햇볕·바람"이라는 비인간적 요소의 협업이 응축한 최종본을 의미하는 "가장 나종 지니인 것"인 "한 종지의 장"을 가리킨다. 결국, 이 시는 발효를 통해 간장이 완성되듯이, 비워내고, 걷어내고, 다시 끓이는, 텍스트와 독자 간의 오랜 소통의 과정을 통해 독서를 완성하는 그 느림의 미학이 우리의 삶에 필요한 것이 아닐까 제안하고 있다.

> 턱을 고이는 자세는
> 얼굴에 주름이 생긴다는데
> 사천 년 동안 저러고 있다
> 미간을 찡그리며 실눈을 뜨고
> 그를 본다
>
> 어깨가 무너질 듯 오래 앉아 있어도
> 그를 읽을 수 없다
> 한 바퀴 두 바퀴 세 바퀴를 돌고 나니
> 자연스레 반가半跏의 자세가 된다
> 셔터를 누를 때마다
> 달라지는 포즈
> 가려움을 견디지 못하는 미소
>
> 무언가를
> 읽어내려던 집요함이
> 사라진다
> 거푸집을 내려놓는다
>
> 그도 나도
> 깊은 생각에서 벗어난다
> ─「두루 헤아리며 깊은 생각에」 전문

이 시는 보는 시간을 늘려서 사유를 비워내는, 견딤과 지연의 미학을 실험한다. 화자는 턱을 고이고 미간을 찌푸린 채 4천 년의 응시를 재연하지만, 오래 앉아 있어도 "그를 읽을 수 없다." 여기서 지연은 무능이 아니라 하나의 방법이다. "한 바퀴 두 바퀴 세 바퀴" 앞·뒤·옆을 돌며 시선의 시간을 늘리자 몸은 자연히 "반가半跏"로 기울고, 셔터마다 달라지는 포즈는 대상이 아니라 '나의 읽기'가 변형되고 있음을 말해준다. 턱 괴고 한 다리를 올린 멈춤의 동작인 "반가의 자세"는 결론을 유예하는 몸의 문법인 셈이다. 가려움을 참다 번지는 "미소"는 해답이 아니라 감각의 미세 진동, 즉 견딤이 낳는 정동의 잔광이다. 결말의 "거푸집을 내려놓는다"는 구절은 단정의 틀을 포기하는 행위로, 해석을 완료하는 대신 해석의 압력을 비워둔다는 것을 의미한다. 그래서 "그도 나도/ 깊은 생각에서 벗어난다"는 말은 사유의 포기가 아니라 과잉 의미로부터의 탈주, 즉 즉각적 이해의 욕망을 유예하는 태도를 뜻한다고 해석할 수 있다. 이 시는 오래 보기, 돌아보기, 다시 보기의 반복 속에서, 읽기의 핵심이 '견디며 유예하는 시간'에 있음을 조용히 증명한다.

  이런 지연의 윤리는 다음 시 「새의 시간」에서 또 다른 이미지로 제시된다.

    숨을 불어넣으며
    부레가 생기길 기다리는 열기구들
    붉어지는 여명에
    얼굴이 물들어가고

    날아오르는 거대한 풍선
    수많은 집들과 낮아지는 산들

등을 밀어주는
바람, 바람

카파도키아의 새벽을 날았어

지나쳐온 길들이
희미해지는 새의 시간

오래 지닌 슬픔을
말할 수 있을 것 같아

안녕, 내 안의 어린 아이

사람의 언어를 버리고
날개를 얻었어
벅차오르는 붉음을 놓아주고
연보라로 번지는 하늘 속

한 마리 새가
— 「새의 시간」 전문

  이 시를 한마디로 요약하면 '잠정적 비상'으로 정리된다. 이 시는 카파도키아 새벽의 열기구 비행을 통해 '인간의 시간/언어'에서 '새의 시간/감응'으로 옮겨가는 변신의 의례를 그리고 있다. 열기구는 '날아오르지만' 중력에 종속된 비행이다. 붉은 여명, 연보라로 번지는 하늘의 색채 이동은 정동의 스펙트럼 변환이자 '말 못하던 슬픔'이 말을 할 가능성으로 변조되는 시간을 시각화한다. "수많은 집과 낮아지는 산들"의 원경화는 수평의 일상 좌표를 수직적 조감으로 치환하여, 자신과 세계의 비율을 재조정한다. 핵심은 "사람의 언어를 버리고/ 날개를 얻었어"라는 선언인데, 해석과 증명의 언어를 내려놓을 때 비로소 감각의 날개, 즉, 새의 시간이 열린다는 아이러니에 있다. 여기서 바람은 외부의 타자적 힘이자 '등을 밀어주는' 동반자로 작동한다. "안녕, 내 안의 어린아이"는 내면의 유아적 상처와의 이별 의식이면서, 동시에 그 상처를 날개의 기원으로 승인하는 통과의례다. 마지막의 "한 마리 새가"로의 주어의 도치는 또 다른 행위를 기대하게 하여, 변신이 완료가 아니라 지속적 비행의 연속임을 남겨 놓는다.

4. 비인간적 문장과 자연의 호흡

김지요 시의 큰 미덕은 자연과 사물을 문장화하는 감각에 있다. 「바람을 받아쓰다」에서 "바람이 흘림체다 대숲이 먼저 받아 적는다"라는 멋진 문장은 대숲을 거대한 필경사로 만들어 보여준다. 바람—대숲—다랭이논—어깨—호미—흙—새—억새로 이어지는 감각의 이동은, 인간 주체가 이 자연의 네트워크의 한 요소로 편입되는 과정이다. "은빛으로 부서지는 음절"을 자연은 발화하고, 인간은 받아 적는다. 이때 시는 인간 언어의 주체적 행위가 아니라 자연과 함께 한 공동 번역의 예술이다. "보인다/ 보이지 않는다" "들린다/ 들리지 않는다"의 교차는 세계가 부분적으로만 드러난다는 깨달음을 남긴다. 이 불완전성의 승인 자체가 김지요 시의 미학이고 윤리가 아닌가 한다. 이 시의 마지막 행은 이러한 미학과 윤리가 어린 시절의 순수를 다시 소환하고 있음을 한 줄로 요약해 보여 주고 있다.

>노을을 흘려쓴다 어둠이 받아적는다 아이가 울고 간다 바람이 차다
>―「바람을 받아쓰다」 부분

한편, 비인간적 문장은 때때로 잔혹하다.「오디, 어디」에서 흘러넘친 단맛은 곧 "검은 그늘이 뱀처럼 기어온다"는 공포로 반전한다. 짓이겨진 오디의 "검은 눈물"과 "붉은 오디"의 교차는 유혹과 섬뜩함의 공존을 드러낸다. 달콤함과 죽음의 인접은 앞서 설명한「덫」의 "치명적 달콤함"과도 연결되면서, 자연 역시 윤리적 무구성을 갖지 않음을 환기한다. 자연은 선악의 주체가 아니다. 자연은 현상이고, 시인은 현상의 날것을 받아쓸 뿐이다.

다음 시의 잔혹함은 유쾌하기까지 하다.

>찾는 책이라도 있는 듯이, 갸웃거리며
>코를 벌름 싱싱한 신간을 찾으려나
>
>접혀진 귀를 펼쳐주고
>게걸스럽게 읽어내리네
>
>'사회과학'을 지나 '철학'골목에서
>꼬리를 한들거리며 나타나네
>
>어슬렁 산책을 즐기며
>읽은 책에 오줌을 누고
>무슨 소용이야, 거만한 책 따위

맛난 책을 좀 달라고,
왈왈

짖어대는 개를
진정시키려 연신 하품을 해 보네

책에 엎드려 잠깐 조는 사이
개는 사라졌네

사람들이 벌름 책을 읽네
바싹 마른 혀로 페이지를 넘기네

뼈다귀를 가지고 노는 개처럼
—「개가 걸어온다 도서관으로」 전문

  이 시는 비인간적 시적 주인공 설정으로 인문학의 오래된 권위를 유쾌하게 풍자한다. 개는 서가를 "사회과학-철학"의 위계로 나누는 대신 냄새와 촉으로 길을 찾고, 접힌 모서리를 펴 주는 동작은 개의 귀를 연상시키며 독서의 물성을 드러낸다. 오줌 누기—영역 표시—는 밑줄 긋기/주석 달기의 동물적 원형이며, "거만한 책"을 밀치고 "맛난 책"을 요구하는 장면은 지식 권위의 맛없음에 대한 명쾌한 풍자이다. 화자가 하품으로 개를 달래는 몸짓은 도서관의 규율(조용함)이 본능을 길들이는 장면이자, 독서 예절의 세세한 훈육을 풍자한다. 그러나 개가 사라지자 인간들이 "코를 벌름… 혀로 페이지를" 넘기며 개의 독법을 모방한다. 결국, 이 시는 도서관이라는 규범 공간 속에 본능적 독서의 생기(후각, 맛, 촉)를 풀어놓아, 아는 일과 사는 일의 거리를 통쾌하게 좁힌다. '개'는 도서관의 질서를 어지럽히지만, 동시에 독서의 물질적 행위성을 혀·침·오줌·하품으로 가시화한다. 앎은 체취·습도·몸짓과 분리되지 않는 지식의 '맛'을 묻는 개의 요구는 학문을 감각의 세계로 되돌려 놓는다. 이 역전은 시집 전체의 선언이기도 하다. 시는 개처럼, 사물처럼, 바람처럼 감각의 존재들이 서로를 읽는 방법이며 그 모색이다.

　이런 의미의 감각화는 김지요 시의 가장 큰 미덕이며 장점이다. 예를 들어, 앞서 설명한 「오디, 어디」의 검붉은 얼룩은 감각의 선명함과 기억의 회귀를 동시에 호출한다. 밟혀 짓이겨진 열매와 "뱀처럼 기어오는 그늘"은 쾌락과 혐오, 유혹과 공포의 접경을 무의식적으로 흔든다. 이 작품의 핵심은 이미지가 도덕적 서술을 앞질러 독자의 몸에 먼저 닿는 방식에 있다. 발바닥, 자갈, 파도 소리, 잠실 등으로 촉각과 청각, 공간이 미세하게 겹쳐져 트라우마의 지층을 만든다는 점에 있다. 이런 미학은 「상강」의 단절된 여백, "호계 지나 혼자 살던 고모"에서, 상실을 과잉 서정으로 메우지 않는 절제의 문장으로 확인된다.

5. 맺으며: 너머를 보류하는 기술

　김지요의 시는 너머로의 탈주 자체가 아니라 '넘어가려는 몸의 시간'을 기록한다. 「알」의 복제된 일상, 「물고기, 혹은 유리잔」의 투명한 구속, 「덫」의 자발적 포획, 「거미의 세계」의 직조와 희생, 「완독」의 발효와 걸어냄, 「두루 헤아리며 깊은 생각에」의 유예된 독해, 「새의 시간」의 잠정적 비상, 「개가 걸어온다 도서관으로」의 감각적 독법 등은 '너머'를 즉시 성취하지 않고, 의도적으로 지연시키며 견디는 태도를 미학으로 정식화한다. 여기서 지연은 도피가 아니라 방법이며, 견딤은 체념이 아니라 윤리다.

이 시집의 에토스는 거대 담론의 선언이 아니라, 생활 세계의 미세한 봉인들, 이를테면 번호, 분류, 뚜껑, 통로를 감각화하고 느리게 만드는 힘에서 나온다. 번호를 이름으로 다시 세고, 복제를 차이로 다시 세며, 닫힘을 통기로 바꾸는 일. 발효의 시간처럼, 김지요의 언어는 '지금-여기'의 압력을 즉시 넘지 않고, 스스로를 숙성의 그릇에 담아 '너머'를 늦춘다. 늦춤은 실패의 다른 이름이 아니라, 타자를 수용할 여백을 마련하는 공간이며 시간이다.

'너머를 보류하는 기술'은 결국 읽기와 쓰기의 윤리에 연결된다. 급한 결론 대신 느린 절차, 단언 대신 반가의 자세, 해석 대신 받아쓰기, 소유 대신 소통. 이런 프로토콜을 통해 시는 관리되고 속박된 삶의 속도를 늦추고, 세계의 미세한 진동에 다시 귀를 기울인다. 그렇게 보류된 '너머'는 어느 날 문득 도래하는 사건이 아니라, 매일의 발효와 환기 속에서 조금씩 이동하는 경계의 이름이 된다.

이 시집은 독자에게 묻는다. 당신은 무엇을 먼저 셀 것인가, 번호인가 이름인가. 무엇을 먼저 펼칠 것인가, 뚜껑인가 창문인가. 그리고 어떻게 읽을 것인가, 정답을 찾는 눈으로, 아니면 바람을 받아쓰는 몸으로. 김지요의 시는 그 답을 단정하지 않는다. 대신 한 종지의 짙은 장처럼, 오래 숙성된 맛으로 천천히 우리의 혀와 폐와 손에 스며든다. 그 느린 스밈이야말로, '너머'를 가능하게 하는 가장 현실적인 길이다.

김 지 요

김지요 시인은 전남 보성에서 태어났고, 2008년 『애지』로 등단했다. 시집으로는 『붉은 꽈리의 방』이 있고, 제5회 애지문학작품상을 수상했다.

『물고기, 혹은 유리잔』은 김지요 시인의 두 번째 시집이며, 황정산 교수의 말처럼 '너머를 보류하는 쓰기의 기술'이라고 할 수가 있다. 발효의 시간처럼, 김지요 시인의 언어는 '지금-여기'의 압력을 즉시 넘지 않고, 스스로를 숙성의 그릇에 담아 '너머'를 늦춘다.

이메일   young-3023@hanmail.net

김지요 시집

물고기, 혹은 유리잔

발　　행	2025년 11월 8일
지 은 이	김지요
펴 낸 이	반송림
편집디자인	반송림
펴 낸 곳	도서출판 지혜, 계간시전문지 애지
기획위원	반경환
주　　소	34624 대전광역시 동구 태전로 57, 2층 도서출판 지혜
전　　화	042-625-1140
팩　　스	042-627-1140
이 메 일	eji@ji-hye.com
	ejisarang@hanmail.net
애지카페	cafe.daum.net/ejiliterature

ISBN　　979-11-5728-593-8　　03810
값　　　　12,000원

이 책의 판권은 지은이와 도서출판 지혜에 있습니다.
양측의 서면 동의 없는 무단전재 및 복제를 금합니다.

* 이 책은 전라남도 JeollaNamdo 전남 문화재단의 지원을 받아 발간되었습니다.